Ela se desescondia dele.

Guimarães Rosa

Copyright@2015 Maria Beatriz Gonçalves Lysandro de Albernaz

PROJETO GRÁFICO *Karyn Mathuiy*
PRÉ-IMPRESSÃO *Rafael Bucker*
FOTOS *Bia Albernaz*

Dados Internacionais de Catalogação na Publicação
(CIP) – (Câmara Brasileira do Livro, SP, Brasil)

Albernaz, Bia
    Levantem lentamente o lençol
    1ª ed. - Rio de Janeiro: Editora Circuito, 2015

    ISBN 978-85-64022-77-5

1. Poesia brasileira 2. Literatura contemporânea

13-09944   CDD-709.81

Índices para catálogo sistemático:
1. Poesia brasileira   709.81

Este livro foi impresso em novembro de 2015.

poemas de
bia albernaz

levantem lentamente o lençol

circuito

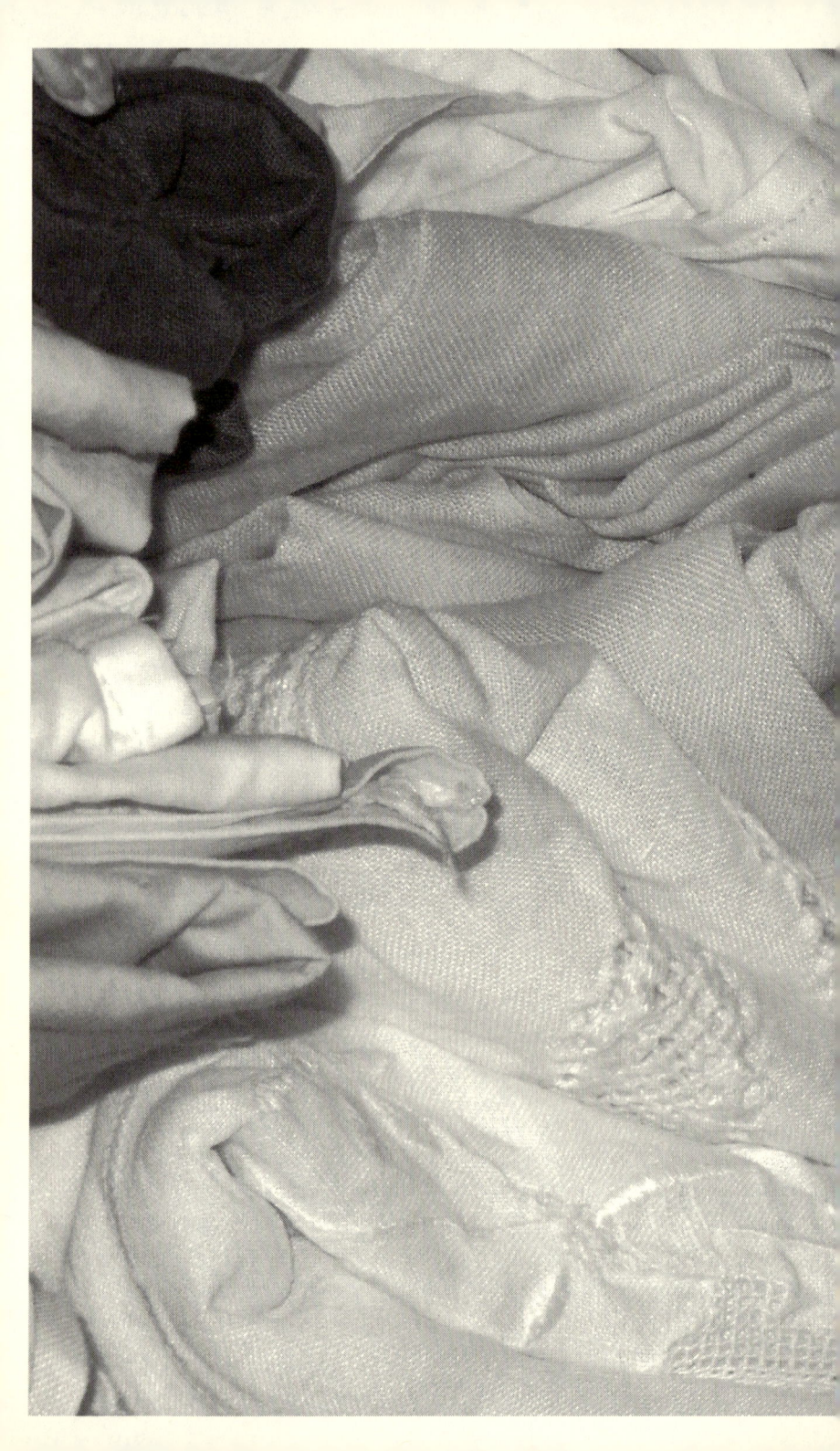

antes

31 de dezembro de 2009

amanhecemos com a chuva de ontem
ainda encharcados de sonhos
que amanhã serão rios
e que de dez em dez
hão de ser mar

lugar da dor

no fundo da tela 500 mortos
uma tromba e o rio desfeito

_____ não me movo
tudo sofre quando imóvel

mamãe me aconselha a
sair da tragédia do agora –
inúteis o lírico e a aventura

de que maneira estar?
pergunto ao céu azul

ver enquanto andas
ver coisas que andam
torcer palavras
torná-las enxutas

mamãe também morta
volta a me aconselhar –
não mintas

luto em dia lindo
pesco a tristeza –
são 500 dramas
da serra abatidos
e eu distante
por um instante
abrigo todos

inverno

todo não feito desespera
tão escura a noite em Bruxelas

penduram-se gotas no fio
entre frases soltas no telefone –
as fruteiras estão vazias
um útero foi aspirado

em onda fraca os sons flutuam
e a neve continua a pesar

entre parênteses
a paisagem espera

logo após a demolição

a última parede derrubada
abriu concreto um clarão
mas buraco não é janela e
porta só se ergue no fechado

agora não há onde encostar –
vazio não chora saudades
e poeira não voa, flutua

a última noite em Penedo

> *uma latinha de cerveja*
> *versos de Coralina*
> *fontes como sempre*

pergunto ao Livro:
como ser manhã?

pega e transforma,
parte, se deixa ir –
assim inteira se é

troveja palavras que tem
e silencia as que não vêm

planta na terra e no ar,
planta na água também
e deixa tudo se repartir

ouve o trovão que explode:
o que ele diz? retorna

cântico

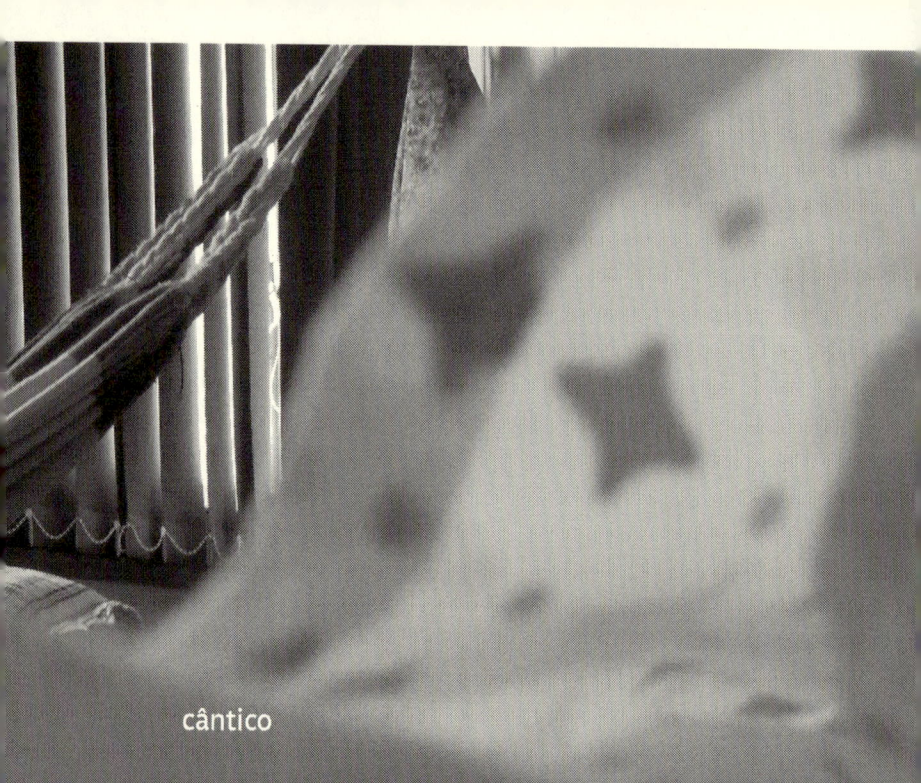

o azul dos turcos o azul dos portugueses
o azul turquesa da estátua egípcia
o azul do quadro de Renoir

o azul fundo em meio a vapores
o azul claro de estrelas explodidas
sangue azul língua azul
tinta remédio calças e paletó

em alfabeto murmúrio
desliza no horizonte
a bainha das coisas

tudo banhado de céu

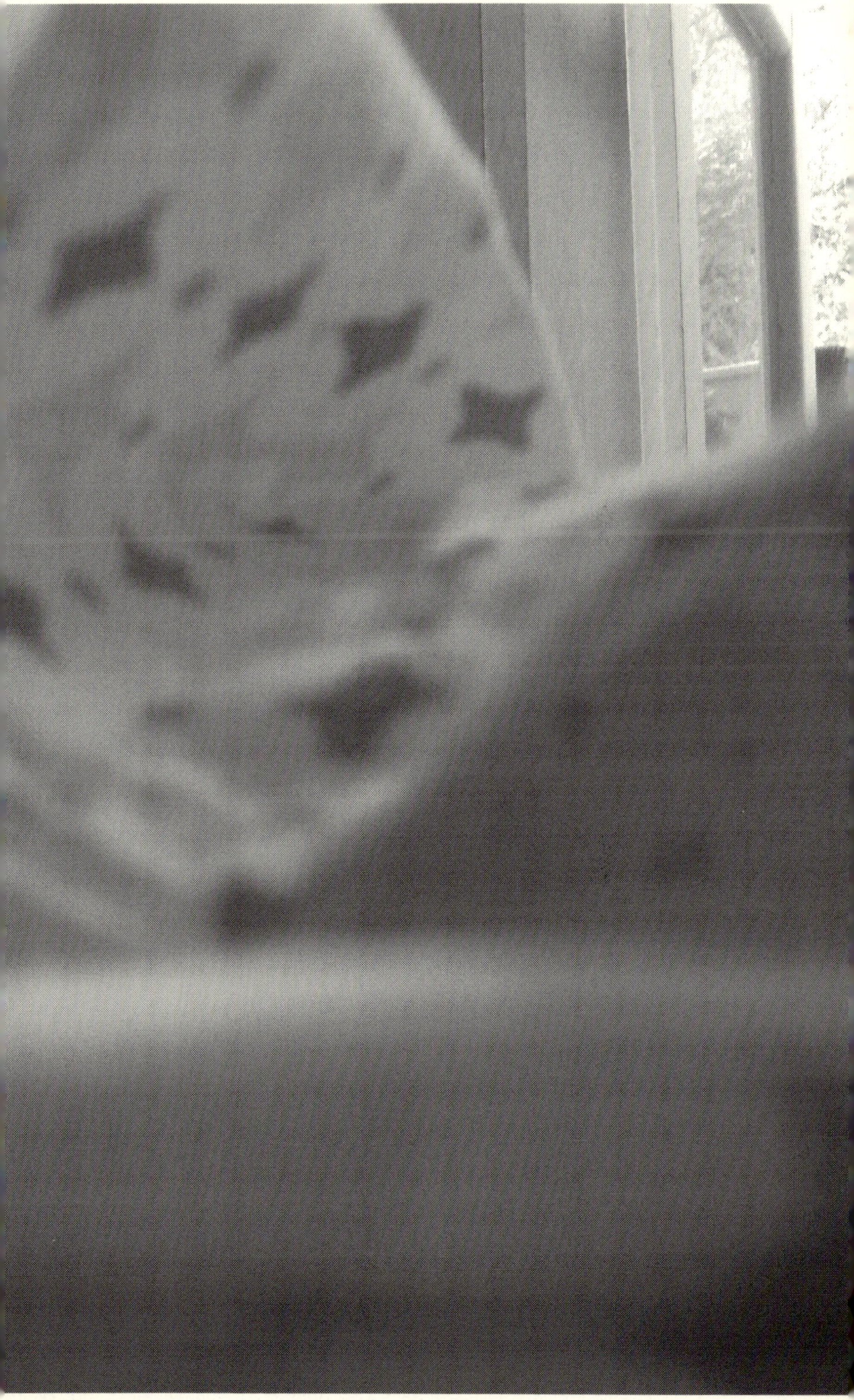

um pouco mais

os bem-te-vis ao alto
e os táxis abaixo
as calçadas lado a lado
uma em frente de cada prédio
são indícios de um mapa
são semínimas de uma manhã
ainda em aberto
e já feito um caldeirão

os olhos pra não serem
imantados
se fecham

querem um pouco mais da noite

para as mães

para Kiki Mafra

de dentro da sacola
— meu corpo —
saiu um robalo

de dentro do poço
o robalo se revira
e é ele o presente

de dentro, as mães
aprontam o peixe
na travessa

as mães sorriem de dentro
dos corpos
sorvidos na precisão
na constância

a mãe pertence ao
mundo dos umbigos
dos viveiros de peixes prontos
pra pesca

poema para um filho que está na chuva

molhe-se
você e os cavalos bravos
inteiramente
e aí então

está preparado o embornal
e prontas as caixas
tudo o que a alba mandou
feito um ritual –
máquina de fotografar
altos e baixos

método de limpeza do João

para tia Zezé

no começo a Palavra já existia

e era bem mais que um relógio –
era uma lambida no dorso da mão
e suor escorrendo pelo rosto
antes de existirem cetins e argolas

a palavra fazia o dia
e desdobrava cada instante
em coisas prontas

aumentava-se o mundo
e o vazio falava

ponham os óculos e vejam
a ponte de poeira entre o abajur e a janela
os fios de cabelo sobre a cama

o mundo é injusto com tudo o que inexiste

embrulhem quinze minutos
presenteiem ao que morre

as contas estavam atrasadas
não importa se ainda estão
elas cumprem uma história

tirei da bolsa um despertador
quinhentos reais um talão de cheques

tirei a blusa –
não há nudez no deserto

o dever de quem é nômade
é aproveitar o dia

levantem lentamente o lençol –
lá dentro dorme o sol

são dois os enviados –
a manicure Maria de 63 anos
que mede um e cinquenta

e outro ser sem nome
com um lago negro
a escorrer pela testa

sem que a gente pergunte
eles respondem

sem que a gente se aproxime
eles nos habitam

voltei
com o olhar do filho único
contemplo em paz os vidros quebrados

nesta rua vejo o ser
pelo buraco da janela –
no fogo, o mate
em torno, os malucos
são restinhos de revolução,
rosas escondidas no plástico
palavrões e rarefeitas saudações

de mim arranco absurda promessa –
lamber os beiços com um pastel de frango
tingir de preto os cabelos
me tatuar e rasgar o jornal,
o uniforme policial

cabelos crespos, eu voltei –
palhaça da perna mecânica

voltei pra remover o fixo
e amar as coisas ainda em pé

uma coberta é um abraço
o escuro é o amante

todos nós recebemos
a palavra lírio
todos nós a apagamos
mas ela existe ainda
com os cravos e em dias claros

um amor que corresponde ao seu amor

tudo é botão
enquanto ele
agulha

ele que guardava uma pera
agora é uma sombra amarela

lá vai
meu último confete

mas o amor voltará
feito marchinha de carnaval

de manhã você lê no jornal
que a pessoa com quem dorme
não existe

mas à noite
você toca o corpo dela

e é assim
que você existe

mãos dadas são legais

são o murmúrio
par preto par branco

coxas à mostra, bom
olhos no jornal, também

camisa do time
bunda gorda que anda de banda
velha de calça justa na canela

desejo de ser mais alta, saltos
encontro com a colega, soltas

um quilo a mais um quilo a mais
pouca sombra e ônibus funcional
tudo que dobra nesta curva
feita de améns

será que ele tem voz de hortelã?
será que ele pede um café?
e você dá?

será que a bicicleta dele
tem uma bandeira?
e nela estará inscrito um salmo
da bíblia?

e ele mora onde
este homem que usa sandálias
com correias
que eu não mereço desamarrar?

os lugares dos nomes

batizou primeiro de Homem
o negro que fazia sombra
ao lado de uma moça ruiva

batizou em seguida de Caminho
o meio-fio que margeava
quadras de futebol e pontos de ônibus

batizou logo após a si próprio
como O que batiza e onde acertava
o olhar caía num nome

batizou as pálpebras inchadas
a tatuagem e a banquinha com lupas
na calçada do centro da cidade
de Força
e de Beijo batizou uma fachada
da construção neoclássica
com guirlandas
e volutas

por fim batizou o coletivo de seres
que se esquivam de Mulheres
e aos que as encantam
de Simpáticos

batizou o crepúsculo
de Paz e ao gozo chamou
Palavra

depois de mim passou um homem
que passou a minha frente porque
existia antes de mim

tudo começa no escuro
e acaba lá também
mas a água ilumina
quando os navios passam
e o céu fica claro
quando chove

o que é que vocês estão procurando?

um lenço de seda
sobre a blusa da senhora
frases longas
movimento de braços em bancos
de praça

a palavra perfeita
em nova sinapse
mesmo que a voz
trema e empaque

uma escova pra pentear caroços
os destroços de um peito
as estátuas criadas
o atraso do passo num pasto
de vaca

como uma pomba
enfio a cabeça
por baixo da asa
e espremo-me feliz
de saber como voltar

o que eu vi
empurrei mais adiante

um novo lugar

> — *Rabi, onde moras?*
> — *Venham e vocês verão.*
> João 1:38

hoje foi descoberta uma ilha –
Nova Creta que tem apenas quitinetes

nas faces de suas mulheres
as ondas batem mais que nas proas
mas elas aguentam por amor aos monstros

lá se conta que os chifres estão no rei
que as mães são vacas e todos riem
quando, nas histórias, lascívia e
lucidez estalam ao sol

este lugar parco e pequeno brilha

lá as almas têm calos e
suas fronteiras verdes
encorajam trampolins
nesta ilha não deixe de visitar
o santuário das preferências ao lindo –
ele existe e dizem que flores surgem
a um toque por engano ou não

por qualquer esboço lá se instala o encontro
entre um deus-dionísio e uma jovem
pronta para depois de traída
virar constelação

hora certa

todos os dias ela se prometia
acender uma vela às quatro horas
mas ora era cedo
ora sem necessidade

as quatro horas lhe escapavam
por serem luz entre luzes ou
por estarem em território apagado

assim lhe fugiam todos os dias
as horas que podiam acontecer

❦

não tem problema
ela escutou

até a bíblia aceita o mais
ou o menos
todos sabem –
qualquer momento
pode ser o exato

método de limpeza do João

pegue uma bíblia
mas só depois de sonhar
com a sua tia, mãe ou velha
a lhe apontar uma estrada

e então leia a gente
no vaivém dos trens

limpeza é força de expressão
suja é sempre a descoberta

da portaria um rádio anuncia
como um minarete –
coloquemos os pés no chão
levemos nossos catarros pra passear
na rua
vão encontrar seus irmãos

o porteiro é irmão do eletricista
o jornalista irmão de um homem morto
o homem maduro irmão de si próprio

porque a natureza está cansada
os homens encostam-se num muro
e dele fazem um irmão
desafrouxam os laços
desfazem carrancas
desfalecem como sorvetes
sorriem
aposentados da solidão

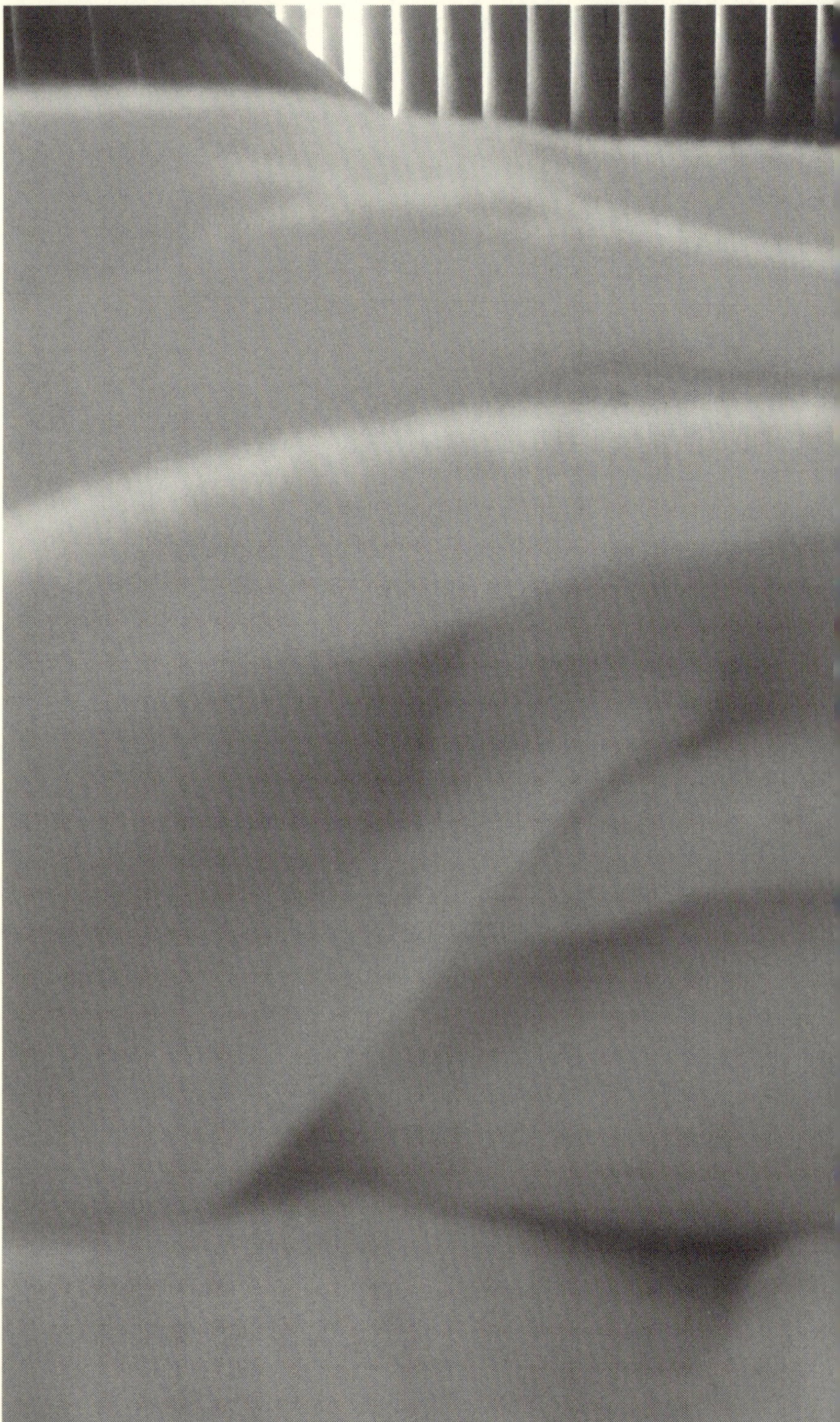

em
metamorfose

talento

sou amiga dos grilos
faço-os saltar num gesto
surpresa
porque eles vão

sou a que entre dedos
segura o ínfimo e
à luz do verde
suga com olhos
o visgo o sulco

sou a que acolhe insetos
mesmo se os estraçalho
a que afaga formigas
enquanto as mata
mas o zumbido mantém-se
sem sentido –
o canto fino insiste

sou colônia e colmeia
inchaço coceira
mel e veneno

sem desprezar o fácil
multiplico-o
até tornar visível
a praga

segunda

existe uma ladeira pra subir
com o céu tão claro
impossível não ir

descruza as pernas
na veia injeta viadutos
prepara o estômago
inventa as desculpas

pensa que à noite
você vai transformar
em volta de uma fogueira
nuvens cinzas em façanhas

lição de montaria

nada de lhe espalmar
um tapa nas ancas

nada de montar pelo lado
que não é

nada de gestos súbitos
aos olhos do cavalo

em vez
alisa-lhe as redondezas
de vez
sobe e do alto vê

antes, criança
se amanse no côncavo

e o suor do bicho
apara com a boca da calça
e se ferir a pele
no bater do estribo
mostra aos outros a prova
do galope e da íngreme
estreita passagem
entre o medo e o vento

as luas precisam ser ditas
porca virgem samaritana

fases são frases –
pairam à parte
repartem lendas

e só quando nuas
viram novas

santa ceia

debaixo da mesa os joelhos esbarram-se
e os pés não param –
alisam o tapete, cruzam-se e balançam

debaixo da mesa não há rostos
só mãos sob coxas entreabertas
de onde exala um vapor no verão

debaixo da mesa pela bermuda frouxa um membro
gônadas sob o rumor abafado de vozes
pratos migalhas um sossego um lugar de mamar

dia santo

Louzada não gosta de domingos
Mimi reza às onze da manhã
Tia Comadre vai à feira hippie
Liana deve estar dormindo agora

a tarde fluirá restaurante
a noite virá toda estrelada
finalmente o domingo estalará
e o silêncio irá se instalar
como uma língua estrangeira

Louzada estará morto
Mimi e Tia Comadre rezarão ainda hippies
e Liana que se tornará sereia
cantará sobre navios encalhados em sonhos

com todo cuidado

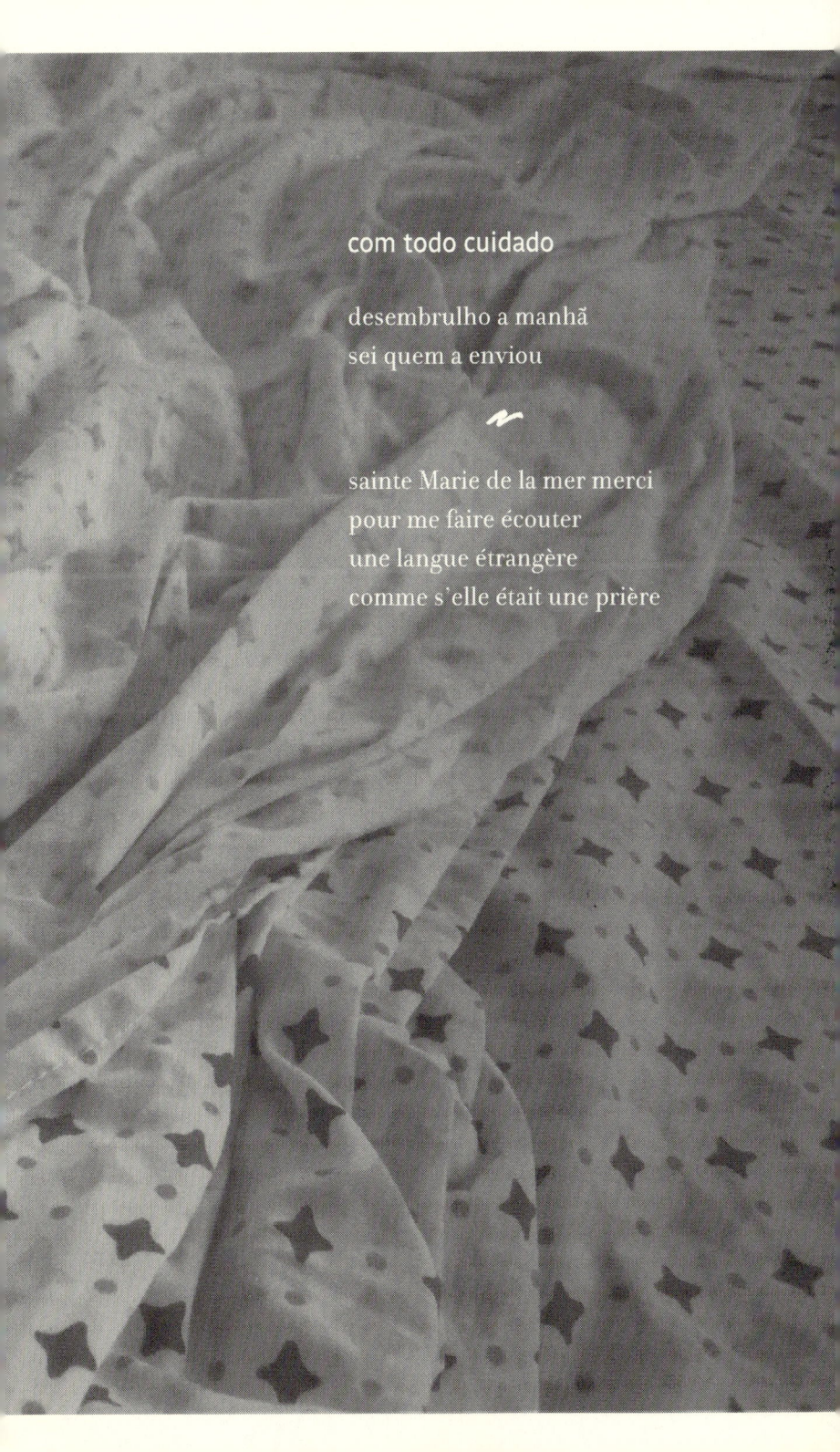

desembrulho a manhã
sei quem a enviou

~

sainte Marie de la mer merci
pour me faire écouter
une langue étrangère
comme s'elle était une prière

cronológios

1939
em seu conjunto de saia bege
justa e bem abaixo do joelho e com
um justo casaco a lhe cobrir os braços
ela adentrou a loja de luvas

escolheu luvas marrons que combinassem
com as meias que não eram de náilon
cobriu a cabeça com um chapéu
que a *vendeuse* lhe empurrou

e depois de ter recebido o troco em réis
era a mulher que seria uma avó e
que pensaria em bolo de laranja
com apenas uma pitada de canela

1984
ele não leu Orwell
não estudou para o vestibular
não namorou a menina mais
nem a menos

ele usou calça jeans
fumou seu primeiro baseado
e organizou uma pasta para
escritos importantes onde em 85
encontrou uma folha
com a letra de uma canção

em 1986 ele tocou a canção
para a namorada que usava
calças jeans e fumava um baseado
foi um ano bom até o seguinte
quando ele lamentou que merda
não passei no vestibular

em 1987 ele leu a última página de 1984
e pensou isto está acontecendo
quis dizer para a namorada
quis tocar de novo a canção
voltou no tempo e estudou
atravessou o corredor da faculdade
e balançou de leve a cabeça pra um cara
que era um cara vagamente conhecido

em 1989 passou direto pelo mesmo cara
estava de olho na baixinha com
o caderno de capa vermelha
e no noventa ele pensou no futuro
mas o futuro já tinha passado e ele foi
buscar um modo de escapar do tempo
que escapa sempre, filosofou

1911

a família russa sentou em torno de um samovar
e ouviu Tchaikovsky
até se lembrarem que havia um lugar
                                      chamado Brasil
e que lá provavelmente os brasileiros
não saberiam escrever direito os seus nomes
nem saberiam como usar um samovar
a não ser que fossem muito cultos
e um pouco menos brasileiros do que a maioria
assim como essa família russa que era
                                        menos russa
por isso se lembrou daquele país
quando alguém lhes deu de presente um atlas
onde pela primeira vez viram o desenho do Brasil
e se espantaram com o formato daquela terra
com aquela ponta
um formato desequilibrado eles comentaram
porque eram cultos
e em 1915 porque a filha mais velha ia se casar
todos economizaram e resolveram vender
                                        os livros
mas antes que o empacotassem
o filho mais novo pediu pra ver o atlas
e lá reencontrou o Brasil
um pouco mofado mas sim
o Brasil ainda estava lá

2009

a velha gata deitou-se no tapete
de fibra natural que a sua
dona havia ganho da
empregada no natal

em 2017
o tapete esburacado
não mais existirá

～

no dia primeiro de dezembro
de dois mil e dez
houve uma manhã de sol
até o meio-dia

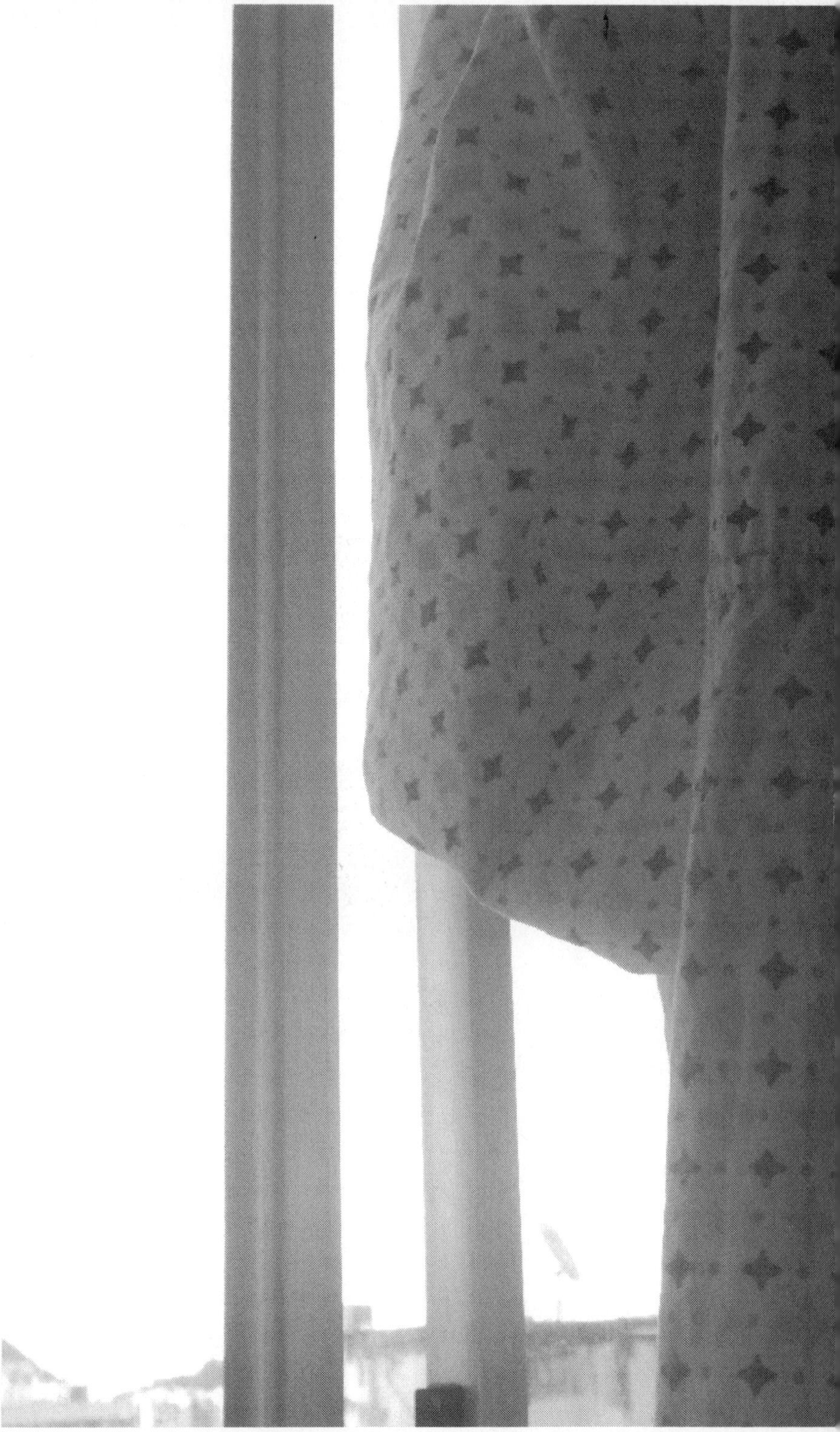

depois

magnetismo

aquele quadro
este miado
aquela roda
esta mala
aquele orvalho
esta hora da madrugada
este som contínuo
aquela estrada
este jeito no pescoço
aquele poema de Pessoa
este fechecler
aquelas palavras chulas
este dedão do pé
aquele livro
este espelho de aumento
aquela conversa
esta porta fechada
aquele jogo de baralho
este quadro sem moldura
aquele miado
esta roda aquela mala
este corpo
aquele imã
na altura do coração

ontem dentro do
teatro a caixa iluminada

efeito Ruy Belo

na caixa de música em que a respiração
    de todos dava corda

um piano tocava e tocava tantos pingos
    de som que eram

de Beethoven e ao mesmo tempo eram suspiros
    de uma criança

à minha frente ele era um menino novo
    demais e impaciente

insurgente tanto que foi chamado de diabo –
    fica quieto, ô diabo

por um homem de camisa listrada e voz forte
    e barba bem feita

ele acuou o coitado do menino que se recolheu
    fundo na poltrona

mas os pingos fortes da música pouco
    e muito sempre e antes

continuavam a passar pelos poros as mãos
    os dedos pensamentos

mostravam a todos a subida de montanhas
    daquele homem alemão

como a paisagem roçada por barras
    de vestidos as sedas

imagens de séculos passados misturadas
    a parênteses precisões clipes

de cidades a se aproximarem de nós
    distantes em afazeres

em outras caixas com música diferente
    e nem sempre felizes tanto

que é melhor envolver amantes distantes
    na cor malva e deixá-los

quietos – fiquem quietos ô diabo pra gente
    seguir as mãos da pianista

tocadora de pastorais que até nos fazem chorar
    um pouco e aplaudir de pé

molhados de música com amantes distantes
    agora embrulhados em malva

mas e o menino hein? e a dorzinha funda dele
    que agora com a mãe

se retira tão silencioso antes do bis da pianista
    Maria João que põe

a mão no coração e agradece agradecidos nós
    todos crianças enxotadas

tudo porque embrulhamos de malva aqueles
    amantes sem Beethoven

em caixas que não mais queremos tanto e saímos
    de lá precisando tão pouco

e só compramos um pão a sós abraçamos a noite
    e dormimos com música ainda

batente em carnaval

não vendo cerveja
nem uso a calça apertada
a calça branca apertada

tem muita gente contente
sei
se eu quisesse
me divertia também

hoje é carnaval e daí?
é bom porque é tempo
há dias o tempo tá bom

penso e escrevo
canto um pouquinho
ouço vejo não olho sempre
os passos
você sabe
os passos do samba dos outros
esses passos são tão meus

hoje é carnaval e daí?
é bom porque é tempo
há dias o tempo tá bom

poema de sexta-feira

para Lilian Dias

no restaurante chinês
apenas homens sentam-se
e provam dos mil pratos
em órbita no centro da mesa
redonda transpassada de hashis

no restaurante chinês
toca uma música inaudível
fala-se uma língua de desenhos

na porta os leões
na cozinha as mulheres
no menu ovos milenares
no prato um peixe enfeita

tudo parece cenário
a quem não é chinês
no restaurante chinês

labirintite

o senhor Borges se encontra?
de onde vem esta poeira meu Deus?

o senhor Borges por favor
aguarde na linha não desligue

aqui falta um corrimão
agora não dá pra voltar

por quanto sai o Ficções?
dá a mão pra atravessar

cuidado o degrau aqui não tem luz
quem mandou você entrar?

a gente acostuma com o tempo
de duas uma – engole o choro

O minotauro? levaram o último agorinha
ele disse que volta já – senta!

acabou a linha perdi o botão
quando eu contar até três pula

é melhor no original você vai ver
o senhor Borges era um homem tão bom

não tem problema eu enxugo
por favor fique à vontade

isso vai demorar – segura aqui
pode deixar eu trouxe um livro

ele disse que está muito ocupado
conheço só de ouvir falar

tá dando pra ver daqui?
eu toquei nele! eu toquei nele!

Astérion é outro nome mas é o mesmo
ele mandou agradecer a visita

não muda de fila não
pode ficar com o troco

o senhor Borges quem diria hein?
juro – vocês não vão acreditar

Marions les roses

arabesbusquemos
minhas irmãs destinatárias
uma mulher canta mulheres às milhares
às esguias da seca África bom dia
desde meninas panos e mais panos
os antes e depois que fácil
difíceis melanomas
histórias em esteira e histerias
o trono ao longe Marions
les roses à la main que fácil
difíceis melancolias
em arabesque mirabolante
descortinemos

a porca prende a terra com dentes
mas os dentes partem

a língua é que fica até o final
a se mostrar

cem homens

eles vieram com suas franjas
um só olho descoberto
vieram com suas pás
as mãos crispadas
os meus irmãos
os muitos zés
e trazem sementes

vieram de terras sem-nome
terras em mais terras emendadas
de ninguém porosas e cheias de grãos
cavaleiros sobre elas a galopar e suar
pecados mínimos
maldades mínimas
bem nenhum

e vieram os homens mais do que as mulheres
dos rios das inundações
das lembranças que fincaram
cada um de suas casas
seus apartamentos
seus cubículos
suas tocas
talvez em paz

os muitos zés voltaram
em suas esteiras e orgulhosos

eles cavaleiros dos fundos
narradores e impostores
eles filhos e pais
homens que conversam
zés irmãos
todos os cadês
eles voltaram

saíram de suas grutas
vieram caçar
e trazem música
eles que namoraram que perguntaram
cuidado com eles
os zés que ferem as zebras saborosas
    veronis
    mentirosamente belos
eles os varões

eles em seus caiaques –
    o passado paira sobre eles
        sobre o presente boiam na baía em frente
        cruzam os braços gracejam e julgam
estes navegantes em terras encontradas

tango

para Daniel Willmer

atravessou um só
um homem único atravessou
a mão dupla

tenho aqui um pedido seu
mas não posso tocar na rádio

cem homens em um –
todos os pedidos em riste
e uma única chance de acertar

guardo esse pedaço de papel e
as palavras do homem que cruza
reverberam

o chão azul de vidro
mistura o seu pedido
a outros papéis
outros ritmos e
incompletudes
entre meneios milongas
e a trança dos passantes
o pedido do homem
incendeia o caminho

não sei se lhe agradará

a dança que ele mesmo pediu
enrosco-me e ele risca
entre o chão e o vão
mais e mais

somos uma dupla –
o porto que sente o rio que corre
e a água que bate arisca em seus pés

querida querido queridos
não sabia que seria
assim
uma máquina
que precisa escrever
antes que vaze e
por isso escreve cartas

como se palavras fossem
maneiras de não morrer

queridos mais uma vez
querida ventura
querido tudo
antes que eu me vá
balanço a cortina

azedinhas

por não poder me matar, sonambulo –
poesia musa cruel –
escolho ser a bruxa a vertigem a esfera torta
que não rola deixada num canto sem serventia

～

vou me encharcar de pronomes
e deixar o ventilador me acalmar
não preciso mais ser precisa
tenho um emprego público e ganho para ficar calada
na solidão absoluta das aranhas
a tecerem suas próprias camas em cantos esquecidos

～

não há sorrisos em que acredite
sou a romântica velha que sente os dedos entortarem
meu Deus me traga rápido um violão

～

só posso ser mulher na contingência
como a casa em que vivo é de herança

nem sei se morro ou favela
nem sei se impacto ou amo
nem mesmo a inveja sem o menor desejo
nem (e me encanto por esta partícula)
cheguei ao fundo do vazio
e nem escada
nem corda nem reflexo

vi foi um espelho enorme naquela sala
acreditei demais no mito na mística –
não recolho palavras de desistência
conheço sim as de um existir que não adere

acabou a lírica acabou e quando escrevo isto
me dá medo
a lírica acabou
gosto da sensação do medo
Mário de Andrade tinha razão
poesia sem lirismo não presta

~

e lirismo é orvalho?
é caderno velho suor de cavalo?

e visto com olhos de Mário
é possível lirismo em São Paulo?
o lirismo marmóreo e liso
de Rita liberta pelo soneto

lirismo da camisa listrada
de Caymmi cabeleira construída
do ovo perfeito de Clarice

lirismo da uva de um Baco
ilustração de almanaque
forma impura de um beatnik

lirismo de uma grávida que ronca
lirismo convertido em dogma

o da luva que não se usa mais
o do jogo eletrônico que com uma tecla
faz a morte voltar atrás

o lirismo do porteiro da noite
que acorda e abre o portão
para o lirismo de um bêbado
que perdeu a namorada

lirismo se é que me entendem
se é que então alguém possa me dizer
sim é isto – não de modo algum –
o lirismo é outra coisa

quando um poeta se injeta de vênus?
quando pede à primeira estrela
o que é de se esperar
o luxo de uma nova visão
           a cada manhã

a visita

no meio do bosque de eucaliptos
surge de relance o Esguio

sua pele é sua veste
negra presença na porta do verão

o poema ecoa o pisar das folhas –
nas mãos do vento repete a dança
invoca o calor que move

aberta a caixa exala o perfume
exorta a constância das passagens

vive o fundir das calças em azul claro
e na penumbra o assombro

entre os troncos há muita floresta

um coração tem trinco?
do mesmo modo
o olhar desvia
pesam as palavras
no caixote de pontos
tantos que reticências

quando um texto dói?
do jeito que se diz até logo
sabendo que não tão cedo

melhor assim

finalmente os piados dos pássaros
espetam os pequenos poetas

vocês precisam preparar café
precisam de uma palavra tônica

pois então ponham-se de pé
vão já pra beira do fogão
vão comer mamão

finalmente os piados dos pássaros
espantam os pequenos poetas

Ditado

De um pulo, saltei
como pula um sapo
e dei de cara com o
que li. Era uma lei,
um lado, um poema
em língua de silêncios
e foi assim que sim
saltei.

Estrelinhas, céu
de noite. E no vai
no vem, virgem
balança escorpião.

Pois se eram pássaros.
No céu, eram eles,
as estrelas da manhã.
Piscadores em picadores,
por aqui muitos
passando em ondas
levas e levas
e lá vão cem
vão cinco, vai um, vai dois
de novo lá vão cem
e um só se vai
em outro sentido
ave perdida
biguá no céu só ela.

Silêncio, ela se foi
mas eis que ressurgem
em levas e levas
e passam agora os fortes,
os pequenos depois
e ela, é ela,
ave que passa
sem pressa.

sumário

antes

- 5 31 de dezembro de 2009
- 6 lugar da dor
- 7 inverno
- 8 logo após a demolição
- 9 a última noite em Penedo
- 10 cântico
- 12 um pouco mais
- 13 para as mães
- 14 poema para um filho que está na chuva
- 15 está preparado o embornal

método de limpeza do João

- 19 no começo a Palavra já existia
- 20 ponham os óculos e vejam
- 21 as contas estavam atrasadas
- 22 levantem lentamente o lençol
- 23 são dois os enviados
- 24 voltei
- 25 uma coberta é um abraço
- 26 todos nós recebemos
- 27 um amor que corresponde ao seu amor
- 28 de manhã você lê no jornal
- 29 mãos dadas são legais
- 30 será que ele tem voz de hortelã?
- 31 os lugares dos nomes
- 32 depois de mim passou um homem
- 33 o que é que vocês estão procurando?
- 34 como uma pomba
- 35 o que eu vi
- 36 um novo lugar

37 hora certa
38 método de limpeza do João
39 da portaria um rádio anuncia

em metamorfose

43 talento
44 segunda
45 lição de montaria
46 as luas precisam ser ditas
45 santa ceia
47 dia santo
48 com todo cuidado
49 cronológicos

depois

57 magnetismo
58 ontem dentro do teatro a caixa iluminada
60 batente em carnaval
61 poema de sexta-feira
62 labirintite
64 Marions les roses
65 a porca prende a terra com dentes
66 cem homens
68 tango
70 querida querido queridos
71 azedinhas
74 quando um poeta se injeta de vênus?
75 a visita
76 um coração tem trinco?
77 melhor assim
78 ditado

agradecimentos

Ana Carvalho, Ana Maria Albernaz, Maria Isabel Borja, Daniel Willmer, Fernando Bueno Guimarães, José Enrique Barreiro e Nicolau Maldonado.

Impressão e acabamento

psi7 | Book7